Gestion & Marketing I numéro **16**

LA STRATÉGIE OCÉAN BLEU
SELON C. KIM ET MAUBORGNE

—— Comment identifier les nouveaux relais de croissance ?

par Pierre Pichère

50MINUTES

Avec la collaboration de Brigitte Feys

LA STRATÉGIE OCÉAN BLEU

DONNÉES-CLÉS

- **Dénominations ?** Stratégie Océan bleu, *Blue Ocean Strategy*
- **Usages** ? Stratégie d'entreprise, marketing, innovation
- **Raison(s) de son efficacité ?** Méthodologie pour s'affranchir de la concurrence et assurer la performance, adaptabilité à tous les secteurs de l'économie
- **Mots-clés ?** Océan bleu, océan rouge, stratégie, innovation ou création de nouveaux espaces stratégiques, concurrence, entreprise
  - W. Chan Kim, né en 1952, est membre du *Forum économique mondial de Davos* et considéré par la *Harvard Business Review* comme l'un des penseurs les plus influents en management des entreprises. Il co-dirige avec Renée Mauborgne le *Blue Ocean Strategy Institute* à l'INSEAD (Institut européen d'administration des affaires), où il est également professeur.
  - Renée Mauborgne, née en 1963, est à la fois une célèbre professeure de stratégie et la co-directrice du *Blue Ocean Strategy Institute*. En 2013, elle est considérée comme l'un des cinq meilleurs professeurs enseignant dans les programmes MBA, et elle reçoit un an plus tard le prix C. Sloane, décerné par l'association des firmes de consultance, pour l'excellence de ses recherches.

INTRODUCTION

Dans l'environnement mouvant et international dans lequel évoluent les entreprises aujourd'hui, la créativité incarne de plus en plus la clé de la performance à long terme. Or, les idées novatrices découlent souvent de la nécessité d'un renversement de perspective dans la politique d'innovation des entreprises. La stratégie Océan bleu l'illustre parfaitement.

Historique

Cette stratégie, exposée en 2005 par W. Chan Kim et Renée Mauborgne dans l'ouvrage *Blue Ocean Strategy : How to Create Uncontested Market Space and Make the Competition Irrelevant*, traduit en 43 langues et vendu à 3,5 millions d'exemplaires dans le monde, entend bousculer les fondamentaux de la théorie d'innovation stratégique des entreprises. Par ailleurs, il invite tous les agents économiques à faire de même – via des innovations concrètement créatrices dites « disruptives » – en investissant dans la technologie, en conquérant de nouveaux marchés ou encore en collaborant avec d'autres acteurs socio-économiques.

La thèse de ces deux chercheurs constitue l'aboutissement d'une série d'études et rejoint de nombreuses autres recherches réalisées notamment par l'architecte Clayton Christensen (né en 1952) et le directeur de Deloitte US Michaël Raynor (né en 1967). Elle propose de nombreux outils de création d'un processus systématique d'innovation.

Un Institut de la stratégie Océan bleu voit le jour en 2007, sur le campus de Fontainebleau, en face de l'INSEAD, pour approfondir le concept. Quant à l'ouvrage des deux auteurs, il leur a valu de très nombreux prix et une reconnaissance internationale dans le milieu des affaires et dans l'univers du marketing.

Définition du modèle

Le modèle Océan bleu redéfinit le système de représentation classique d'une stratégie de développement. Igor Ansoff (1918-2002), dans l'un des premiers ouvrages traitant de stratégie d'entreprise,

Corporate Strategy (1965), ou encore Michael E. Porter (né en 1947) avec ses modèles des cinq forces de la concurrence et de la chaîne de valeur, s'inscrivent également dans cette réflexion sur la stratégie d'entreprise et sont encore aujourd'hui utilisés dans de nombreux secteurs.

W. Chan Kim et Renée Mauborgne distinguent deux types de marchés sur lesquels évoluent les agents économiques :

- les marchés dits « **océans rouges** » représentent les marchés saturés, dans lesquels les opportunités de croissance sont rares, car y interviennent de très nombreux acteurs qui se livrent un combat acharné pour élargir leurs parts de marché. La couleur rouge fait référence à la concurrence, mais également aux fournisseurs, aux clients et aux prescripteurs qui recherchent, pour eux-mêmes, une maximisation de leurs marges et de leurs parts de marché ou autres indices de rentabilité (parfois au prix de délocalisations, de fusions, de faillites, etc.) ;
- les marchés dits « **océans bleus** » désignent à l'inverse de nouveaux domaines dans lesquels une entreprise évolue seule et ne connaît que peu (ou pas) de concurrence, grâce à une innovation radicale. Cette dernière, qui modifie la structure du marché en créant à l'infini (tel un océan) de nouvelles demandes, est appelée « innovation-valeur » par les auteurs et, plus largement, « innovation utile ».

Se distinguant considérablement des approches classiques centrées sur la différenciation par la qualité, la domination par les coûts ou encore la concentration, la stratégie Océan bleu invite les entreprises à ne pas se satisfaire des paramètres existants en terme d'offre et de demande, et à explorer d'autres cadres pour y apporter une nouvelle valeur et ainsi acquérir une position de leader.

THÉORIE – PRÉSENTATION DU CONCEPT

En différenciant océans rouges et océans bleus, W. Chan Kim et Renée Mauborgne proposent une analyse associant stratégie, marketing et innovation.

OCÉANS ROUGES VERSUS OCÉANS BLEUS

Issue du marketing, l'analyse du cycle de vie d'un produit constitue un grand classique : au lancement succèdent la croissance, puis la maturité et le déclin. Ce raisonnement tient compte essentiellement du volume des ventes et de la durée de vie du produit (plus la vitesse d'innovation est grande, plus le cycle de vie du produit est court).

Mais qu'en est-il de la rentabilité actuelle et potentielle ? Celle-ci dépend de la concurrence, qui détermine le prix, mais également de la capacité de l'entreprise à gérer son propre prix de revient et à développer des stratégies de pénétration lui assurant une forte couverture sur le marché. Fréquemment, un produit en pleine phase de croissance est commercialisé par de nombreux vendeurs. La course à la baisse des prix est alors engagée. C'est précisément ce que W. Chan Kim et Renée Mauborgne baptisent « océan rouge », pour désigner un espace stratégique connu dont les acteurs acceptent les frontières, à l'intérieur desquelles ils se livrent une concurrence acharnée. On comprend donc, d'ores et déjà, que la simple application de cette typologie induit des choix stratégiques en matière de portefeuille de produits et d'équilibres financiers en termes de rentabilité et de croissance à court, moyen et long terme.

Les océans rouges se multiplient dans le contexte économique contemporain, la majorité des produits étant positionnés dans des marchés arrivés à maturité. De plus, l'ouverture internationale de la quasi-totalité des marchés favorise la multiplication des acteurs, ce qui implique une certaine concurrence, à peine compensée par l'apparition régulière de nouveaux secteurs économiques sous l'effet du progrès technologique. La théorie traditionnelle des entreprises, soulignent W. Chan Kim et Renée Mauborgne, explique aux décideurs comment survivre dans un océan rouge : concentration sur le *core business* (« cœur de métier »), délocalisation afin de baisser les prix de revient, etc.

La stratégie Océan bleu, au contraire, les invite à délaisser les océans rouges, trop peu créateurs de valeur, pour voguer vers les océans bleus, des espaces stratégiques nouveaux où chaque entreprise évoluera seule et ne sera pas, du moins pour un temps, soumise aux contraintes d'une excessive concurrence et d'une lutte de prix.

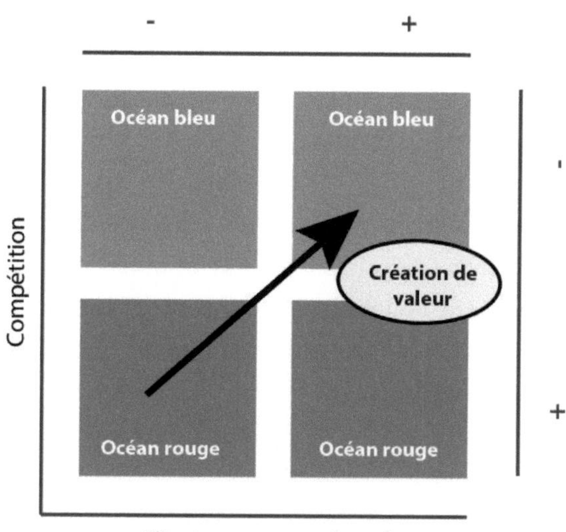

La création de valeur

CHANGER D'OCÉAN GRÂCE
À L'INNOVATION-VALEUR

La clé du passage d'un océan rouge à un océan bleu est l'innovation. Mais l'innovation purement technologique ne suffit pas. W. Chan Kim et Renée Mauborgne baptisent « innovation-valeur » le processus de démarcation radicale qui ouvre la voie vers l'océan bleu, cette valeur devant prendre sens aussi bien pour l'entreprise, en quête de performance économique, que pour le consommateur à satisfaire.

Assurément, l'innovation telle que la décrivent les deux auteurs n'a rien d'externe aux acteurs économiques, et se distingue en cela de l'approche néoclassique traditionnelle qui considère l'innovation comme exogène. Elle relève d'une démarche volontaire de l'entreprise, qui devra réinterroger la totalité de son approche pour réussir la transition. En cela, elle est portée par les acteurs économiques eux-mêmes. Cette approche de l'innovation remonte à Jean-Baptiste Say (journaliste économiste, 1767-1832) et se perpétue jusqu'à nos jours par le biais d'économistes aussi différents que Karl Marx (1818-1883) ou Joseph Schumpeter (1883-1950).

L'appellation d'innovation-valeur renvoie à la finalité de l'océan bleu : créer plus de valeur à la fois pour les acheteurs, ce qui permettra aussi d'en acquérir de nouveaux, et pour l'entreprise, dont les structures de coût seront redéfinies en profondeur au vu du déplacement des frontières du marché.

TOUT RÉINTERROGER

Développer une stratégie Océan bleu nécessite de réinterroger l'ensemble des postulats qui fondent un marché, ceux que les études de marché décrivent en analysant la structure existante.

- Si un produit est acheté essentiellement par des hommes, comment faire pour que les femmes s'y intéressent ?
- S'il est distribué exclusivement via des professionnels intermédiaires, peut-on cibler directement le client final ?
- S'il est réservé à un monde de connaisseurs, peut-on le vulgariser ?

L'innovation n'est alors pas synonyme de hausse de prix – ce qui est souvent le cas des innovations purement technologiques. Repositionner un produit sur le marché en élargissant son audience peut en effet conduire à augmenter considérablement le nombre d'unités vendues et donc abaisser le prix en répartissant les coûts fixes. Aussi, repenser les usages peut-il permettre de s'affranchir de certaines options ou fonctionnalités jusqu'alors jugées indispensables et donc de réduire le prix final. Cependant, la stratégie Océan bleu n'entraîne pas automatiquement une baisse de prix, même s'il n'est pas rare qu'elle débouche sur une telle conséquence. À titre d'exemple, citons les PC remplaçant les *mainframes* (ordinateur central) d'hier ou encore nos smartphones se substituant de plus en plus aux téléphones fixes.

EXCLURE OU CRÉER, ATTÉNUER OU RENFORCER

Si la stratégie Océan bleu revient à « déplacer le curseur », une fois définis les paramètres du marché sur lequel évolue l'entreprise, il reste à déterminer ceux qu'il faut renforcer, ceux qu'il faut atténuer, ceux qu'il faut supprimer et enfin ceux qu'il faut créer (ces derniers ne figurant donc pas dans la liste initiale).

Illustrons cette approche par un exemple issu de l'industrie automobile. En 1998, Louis Schweitzer, alors patron de *Renault*, annonce une innovation radicale sur le marché automobile :

une voiture *low cost*. Cette aventure donne naissance à la Logan. Initialement prévu pour les marchés d'Europe de l'Est, ce véhicule rencontre un grand succès en France, qui devient le premier pays d'importation de la Logan, fabriquée en Roumanie, dans les usines *Dacia*.

Ce succès provient d'une stratégie de redéfinition du modèle. De manière générale, l'industrie automobile s'est construite à partir d'une course vers le « plus » : véhicules plus grands, plus confortables, plus sûrs, avec plus d'options, et donc toujours plus chers. En optimisant les synergies entre différents véhicules dans les usines *Dacia* rachetées en 1999 et en renonçant à l'idée du luxe automobile, *Renault* parvient à tenir son pari. La Logan est commercialisée à 4 500 euros pour les pays émergents et à 7 500 euros pour la France, où les consommateurs exigent un minimum d'options.

Mais *low cost* ne signifie pas de moindre qualité. Si on n'y trouve pas de tableau de bord en ronce de noyer, la Logan est extrêmement robuste, car elle cible des marchés où l'état des routes est parfois loin d'être excellent et où la maintenance automobile est beaucoup moins développée que dans les pays occidentaux.

De même, *Renault* rompt avec les expériences antérieures qui résumaient la voiture pas chère à la petite citadine (la *Twingo* des années quatre-vingt-dix, par exemple, ou la *Smart*). Avec la Logan, le groupe propose une voiture familiale, avec de l'espace intérieur et un vaste coffre.

Exclure - luxe	**Renforcer** - robustesse - espace intérieur
Atténuer - confort	**Créer** - segment de prix *low cost*

Exclure, renforcer, atténuer et créer

En redéfinissant sa stratégie, *Renault* a attiré des clients au-delà de ses espérances : en plus de toucher son public-cible dans les économies émergentes, la Logan a également séduit en France des consommateurs qui, d'ordinaire, pour des raisons budgétaires, se seraient tournés vers le marché de l'occasion. La voiture *low cost* a su capter cette part du marché qui ne place pas de fierté particulière dans l'esthétique des véhicules, mais qui recherche avant tout un bon rapport qualité-prix.

LES LIMITES DU MODÈLE ET EXTENSIONS

La rigueur scientifique de la stratégie Océan bleu apparaît sur certains aspects contestable. Ne faudrait-il pas plutôt y voir une mise en perspective séduisante de succès de certaines entreprises ? D'autres thèses complètent également, à l'infini, la compréhension des stratégies de conquête des entreprises. Citons par exemple le célèbre ouvrage de Thomas J. Peters : *In search of excellence* (1982).

LA STRATÉGIE OCÉAN BLEU – UNE GRILLE DE LECTURE PLUTÔT QU'UNE MÉTHODE RÉVOLUTIONNAIRE ?

Le succès du livre sur la stratégie Océan bleu n'a pas été sans critique. Si l'ouvrage abonde d'exemples issus de tous les secteurs de l'économie, ce en rend la lecture facile, certains ont vu dans cette diversité des références un indice de la relative faiblesse de la théorie. Par ailleurs, d'aucuns ont relevé le caractère déductif de l'approche retenue par W. Chan Kim et Renée Mauborgne qui, partant de réussites spectaculaires, auraient cherché un concept englobant ces différents exemples. La stratégie Océan bleu serait ainsi davantage une lecture *a posteriori* qu'une méthodologie innovante et performante pour développer une approche créative du marché, bien que les auteurs livrent les étapes qu'ils préconisent pour passer d'un océan à l'autre. Chaque réussite d'entreprise ne pourrait-elle pas s'interpréter comme l'application, même inconsciente, d'une stratégie Océan bleu ? Les exemples issus de l'histoire économique, de Henry Ford (industriel américain, 1863-1947) à Guy Laliberté (fondateur du *Cirque du Soleil*, né en 1959), tendent à le laisser penser, puisqu'on a, par le passé, pratiqué cette méthode sans le savoir.

Du point de vue des sciences sociales, on note donc l'absence d'homogénéité des exemples, ce qui rend les comparaisons retenues dans l'ouvrage scientifiquement contestables. En quoi les situations de départ des différentes entreprises citées dans le livre présentaient-elles des similitudes ? De plus, la situation initiale d'océan rouge n'est pas caractérisée dans le livre, car il n'y a pas un nombre, relatif ou absolu, d'acteurs sur un marché, ni de critères en termes de concurrence qui marque l'entrée dans un océan rouge. De même, la situation d'arrivée, l'océan bleu, n'est guère plus mesurable, ce qui peut *a fortiori* être fatal puisque l'entreprise migre vers l'inconnu en faisant un choix d'innovation dont elle ne sait pas s'il sera accepté (et donc valorisé) par les consommateurs.

L'innovation-valeur, cœur de la stratégie préconisée par les auteurs, peine par ailleurs à s'imposer comme un concept nouveau, faute d'une définition suffisante. Les exemples eux-mêmes démontrent cette faiblesse. Ils empruntent tantôt au marketing, au packaging ou à la publicité, tantôt à l'organisation de l'entreprise et tantôt à l'innovation technologique, voire scientifique. L'innovation-valeur se résumerait donc à la rencontre d'une plus-value pour l'entreprise et d'un prix en baisse pour le client. Mais cela résulte-t-il d'une innovation technologique ou d'un meilleur positionnement marketing ? La portée de l'innovation-valeur paraît un peu floue, ce concept pouvant recouvrir aussi bien une révolution au niveau du produit que l'adoption d'un discours un peu plus efficace auprès des consommateurs.

La méthode elle-même peut également susciter des réserves. En s'appuyant sur une lecture approfondie de la courbe de valeur, la stratégie Océan bleu ne permettrait pas de conduire à des innovations de rupture, mais mènerait uniquement à des innovations incrémentales, c'est-à-dire à l'amélioration des produits ou des *process* existants. L'approche de W. Chan Kim et Renée Mauborgne se fonde en effet sur l'existant pour imaginer le nouveau, alors qu'il faudrait parvenir à faire l'impasse sur la situation actuelle pour innover radicalement. Comme nous le verrons plus loin, les deux auteurs s'inspirent beaucoup des clients existants et potentiels de l'entreprise pour construire la nouvelle offre. Or certaines innovations, notamment les plus radicales, soulèvent le scepticisme. En effet, l'innovation ne rencontre pas toujours l'approbation immédiate du public. Dans la critique qu'il livre de la stratégie Océan bleu, le consultant en innovation Benoît Sarazin (spécialisé dans le « marketing de l'incertain ») rappelle qu'il a fallu 15 ans à *Nestlé* pour imposer *Nespresso*, et que Guy Laliberté n'a pas connu le succès immédiat avec le *Cirque du Soleil*. La méthode n'est donc pas une recette du succès systématique.

L'INNOVATION, DE L'ÉCONOMIE À L'ENTREPRISE : LES MODÈLES CONNEXES

Bien qu'ils entendent perfectionner la théorie de l'innovation, W. Chan Kim et Renée Mauborgne s'inscrivent incontestablement dans la lignée de Joseph Schumpeter (1883-1950), à l'origine de la destruction créatrice. Cet économiste a abordé l'innovation dans la totalité de ses aspects, tant en termes d'organisation des entreprises en ce qui concerne le travail et la production que de débouchés commerciaux de nature des produits. Or que génère la recherche d'un océan bleu si ce n'est la destruction des anciens marchés matures ou anciens (ou du moins leur réduction) au profit de celui nouvellement créé ? Outre la théorie du cycle de vie déjà évoquée, nous touchons alors au risque de cannibalisation qui, dans le cadre d'une stratégie marketing de gestion d'un portefeuille de produits, peut engendrer, pour les produits existants, une réduction des ventes ou des parts de marché, et ce indépendamment du secteur d'activités : il est donc fondamental d'estimer si le profit généré par le nouveau produit sera supérieur aux pertes potentielles de l'existant. L'entreprise se fait en réalité concurrence à elle-même. Pourtant, cette cannibalisation peut s'avérer une bonne stratégie pour une extension de la marque (par exemple *Marlboro*) puisqu'elle permet l'entrée dans un marché jusque-là inexploité par l'entreprise. Dans ce cas de figure, nous entr'apercevons le rêve de l'océan bleu.

Les concepts d'océan rouge et d'océan bleu font aussi penser aux innovations de soutien et de rupture mises en évidence par Michael E. Raynor et Clayton M. Christensen dans leur premier ouvrage, *The Innovator's Dilemma : When New Technology Cause Great Firms to Fail* (1997). Selon eux, les innovations de soutien améliorent les produits existants et les innovations de rupture éradiquent la concurrence en constituant un nouveau marché. Cette approche rejoint bien celle de la stratégie Océan bleu. L'innovation de soutien correspond aux efforts que fournissent les agents économiques pour survivre dans l'océan rouge, tandis que l'innovation de rupture ressemble aux conséquences positives pour l'entreprise ayant atteint l'océan bleu.

MISE EN PRATIQUE DU CONCEPT

La stratégie Océan bleu se veut avant tout une méthode stratégique comprenant plusieurs étapes.

CONSEILS ET *BEST PRACTICES*

Six questions pour naviguer vers l'océan bleu

W. Chan Kim et Renée Mauborgne identifient six questions centrales liées à l'élaboration d'une stratégie Océan bleu.

- **Quelles alternatives existe-t-il sur le marché ?** Il s'agit de se placer du point de vue du consommateur pour déterminer les arbitrages à l'œuvre. Deux biens distincts, que leurs producteurs pourraient croire totalement indépendants, peuvent se retrouver en concurrence dans les intentions d'achat du consommateur. Ainsi, vacances et travaux dans la maison constituent tous deux des dépenses libres, qui se heurtent : l'année où la famille choisit de refaire un étage de la maison, elle dépensera certainement moins pour les vacances d'été.
- **Quels sont les intérêts des groupes stratégiques en présence ?** Il est ici question de donner la priorité aux préoccupations de fond des différents groupes en présence. On en dénombre généralement deux : le prix et les performances.
- **Comment se compose la chaîne des acheteurs et des utilisateurs ?** Certaines entreprises vendent directement à l'utilisateur, d'autres transitent par des intermédiaires. Or casser cette chaîne peut permettre d'atteindre un océan bleu. C'est ce qu'a fait notamment *Nespresso* en ne vendant pas ses dosettes dans les réseaux traditionnels (grandes surfaces alimentaires), mais en développant son propre réseau de boutiques haut de gamme.

- **Quels sont les produits et services complémentaires ?** Cette question est importante, car elle permet de réussir le séquencement stratégique en l'envisageant dans son ensemble. La réussite d'Apple au début des années 2000 tient aux contenus (notamment la musique numérique) que l'entreprise a su proposer pour alimenter ses produits (iPod, etc.).
- **Quel est le contenu fonctionnel ou émotionnel du secteur ?** Redonner de la valeur ou au contraire déshabiller un produit d'une trop forte charge symbolique participe de la recherche d'un océan bleu. L'exemple de *Nespresso*, qui a su habiller d'une image de luxe ses dosettes de café, est très parlant.
- **Quelles grandes tendances détermineront les comportements des consommateurs ?** La protection de l'environnement ou la recherche de l'épanouissement personnel constituent des tendances majeures des sociétés contemporaines, dont il faut assurément s'inspirer pour imaginer les produits et services de l'océan bleu.

Stimulation et créativité : un parcours en quatre étapes

W. Chan Kim et Renée Mauborgne proposent alors une méthodologie pour appliquer la stratégie Océan bleu dans l'entreprise. Ils identifient quatre étapes-clés :

- **l'éveil visuel** passe par le dessin de la courbe de valeur. Pour chaque critère constitutif de l'offre, l'entreprise trace ses points faibles et ses points forts par rapport à la concurrence. Cette première étape sert avant tout à créer un consensus parmi les équipes de l'entreprise en soulignant, par le biais de la représentation, la nécessité d'un changement pour retrouver le chemin de la création de valeur. Elle situe également l'entreprise par rapport à ses concurrents. La différenciation est-elle marquée, ou à l'inverse, quasi-inexistante ? Selon le chemin que suivent les deux courbes, la réponse s'imposera ;

- **l'exploration visuelle** consiste à se rendre sur le terrain pour s'apercevoir du potentiel innovateur à développer. Comment en effet bouleverser un marché sans connaître ses utilisateurs ? Consulter régulièrement ses clients est indispensable, mais insuffisant. Le client n'est pas nécessairement un usager du produit. La stratégie Océan bleu visant à élargir la clientèle existante, il faut aussi songer à interroger les non clients relatifs pour connaître leurs habitudes et leurs attentes ;

- **le concours des canevas stratégiques**, organisé avec des membres de l'entreprise mais aussi des personnes extérieures (clients, cibles, partenaires, etc.), permet de valider la pertinence des critères d'offre retenus. L'objectif est de construire une stratégie sur des bases autres que l'intuition et de vaincre les obstacles internes, comme la célèbre résistance au changement ;

- **la communication visuelle** s'impose alors, une fois la stratégie définie. L'ensemble de l'équipe doit en effet être associé à la révolution de l'entreprise. Tout comme la compréhension des limites de l'existant était visuelle à travers la courbe de valeur, cette phase appelle un dessin. Il facilitera la visualisation des nouveaux objectifs et l'appropriation par tous, indépendamment du niveau hiérarchique, de la stratégie Océan bleu.

Les produits pionniers, migrateurs et sédentaires

Parmi les outils exposés par W. Chan Kim et Renée Mauborgne, l'analyse des produits de l'entreprise s'avère souvent utile pour bâtir une stratégie. Les auteurs proposent une classification de ceux-ci en trois familles :

- **les produits sédentaires** se situent dans la norme du secteur. Ces produits ou services épousent la courbe de valeur la plus courante et, dans nos marchés fortement évolutifs, leur perspective d'avenir est très limitée. Ils appartiennent à l'océan rouge ;

- **les produits pionniers**, à l'inverse, créent une valeur sans précédent. Clientèle de masse et croissance forte leur sont promises dans les années à venir. Ils incarnent l'océan bleu ;
- **les produits migrateurs**, quant à eux, naviguent entre les deux. Tout en améliorant la valeur pour le client et pour l'entreprise, ils ne comportent pas une innovation suffisante pour une installation durable dans l'océan bleu.

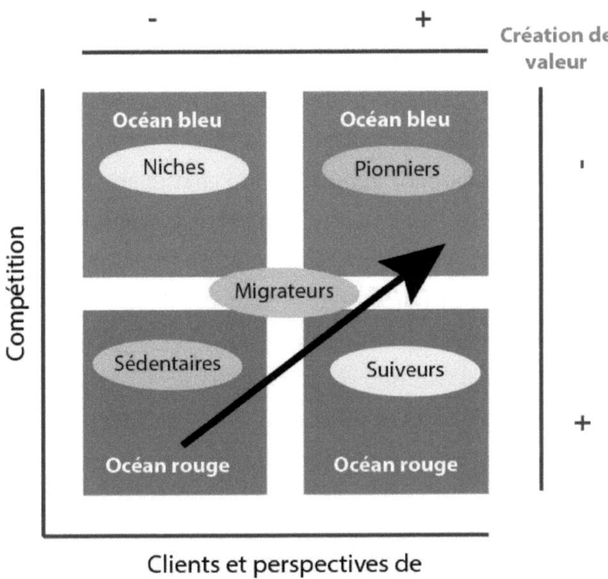

Les types de produit

À la conquête des non clients

Le cœur de la stratégie Océan bleu est la conquête de nouveaux clients. Les techniques de survie en océan rouge poussent les entreprises à grignoter les parts de marché de la concurrence. Pourtant, si l'on observe un transfert de clients d'un acteur à un autre, la taille du marché reste inchangée. *A contrario*, la stratégie Océan bleu vise à élargir le marché en repoussant ses frontières, grâce à l'inclusion de clients issus de catégories qui, jusqu'à présent, n'achetaient pas ce type de biens ou ne recourraient pas à ce type de prestations.

Trois niveaux de non clients sont à différencier :

- **les non clients imminents** consomment ponctuellement les biens ou services que propose l'entreprise, mais en attendant mieux. Plus ils sont nombreux, plus le marché est fragile. C'est ainsi que la chaîne britannique *Prêt à manger* a su attirer dans ses enseignes de restauration rapide une clientèle professionnelle qui allait au restaurant traditionnel faute de mieux ;
- **les « anti »**, également appelés « non clients absolus » (KOTLER (Philip) et KELLER (Kevin Lane), *Marketing Management*, Paris, Pearson, 2006), n'utilisent jamais les produits ou services du marché étudié, soit parce qu'ils y sont opposés, soit parce qu'ils ne peuvent se les offrir. Les populations des centres-villes urbains se montrent ainsi très peu réceptives aux véhicules de type 4 x 4, réputés plus polluants et difficiles à garer en ville ;
- **les inexploités ou les clients relatifs** ne sont pas d'emblée concernés par ce marché parce que les décideurs n'ont jamais pris la peine de les cibler. Ils peuvent pourtant représenter une potentielle clientèle.

ÉTUDE DE CAS – LA WII, OCÉAN BLEU DE *NINTENDO*

En 2006, *Nintendo* lance la Wii. Cette console de jeux enregistre une croissance rapide qui assure des bénéfices considérables pour l'entreprise durant plusieurs années. Si les ventes de la console s'avèrent très satisfaisantes, c'est sur le terrain des jeux vidéo que le succès est le plus manifeste. Wii Sports a ainsi été commercialisé à plus de 80 millions d'exemplaires, un résultat qui surpasse largement les scores enregistrés par la concurrence. Incontestablement, *Nintendo* s'est inscrit dans une stratégie Océan bleu en bousculant la technologie, mais également en redéfinissant la politique de prix et le périmètre du marché.

La Wii à l'aune des six questions de la stratégie Océan bleu

- **Quelles alternatives existe-t-il sur le marché ?** Plutôt que de se positionner par rapport à ses concurrents sur le marché du jeu vidéo, *Nintendo* s'est intéressé aux loisirs de la population. En effet, puisque le développement des pratiques artistiques et créatives, ainsi que le maintien et la remise en forme constituent deux axes forts depuis les années 2000, la firme décide de créer son marché, en associant son savoir-faire propre en matière de consoles de jeux et le développement de nouveaux usages : faire du sport (le jeu Wii Sports s'est écoulé à plus de 80 millions d'exemplaires), danser, se maintenir en forme, pratiquer la musique, etc. Toutes ces activités virtuelles sont rendues possibles par la technologie de la Wii, qui repose sur la détection de mouvement, se substituant au traditionnel *joystick*.
- **Quels sont les groupes stratégiques en présence ?** En termes de prix, la Wii a été positionnée en-dessous de ses principaux concurrents, qui ont été progressivement contraints de s'aligner. Cette stratégie s'imposait pour élargir l'audience du jeu vidéo, un public plus âgé et moins captif. Le produit, innovant dans ses fonctionnalités, est en revanche moins qualitatif en ce qui concerne certains de ses composants par rapport aux concurrents, PS3 et Xbox. Cette diminution des standards entraîne une baisse des prix tout en limitant un peu les possibilités technologiques, moins déterminantes pour une console destinée à tous les âges, avec des jeux moins axés vers la rapidité et la haute résolution.

- **Comment se compose la chaîne des acheteurs et des utilisateurs ?** Éditeur de jeux depuis sa fondation à la fin du XIXe siècle, l'entreprise *Nintendo* a choisi de s'adresser directement à ses utilisateurs, sans passer par un intermédiaire, pour commercialiser les jeux utilisables sur la Wii. Ce genre d'évolution est désormais possible grâce à la généralisation d'Internet. En 2006, en même temps que le lancement du jeu révolutionnaire, *Nintendo* a ainsi conjointement développé le Wii Shop, qui permet aux utilisateurs de gagner des points de fidélité proportionnellement à leurs achats de jeux.

- **Quels sont les produits et services complémentaires ?** Deux catégories de produits complémentaires ont participé à l'essor de la Wii : les accessoires et les jeux. La Wiimote, télécommande de la Wii, communique avec l'appareil par *bluetooth*. Munie d'un accéléromètre, elle transmet à la console les mouvements du joueur : les sauts, les déplacements latéraux, les torsions, etc. Sont ensuite apparus d'autres accessoires parmi lesquels on retrouve le micro ou encore la table à dessin, qui permit entre autres d'adapter sur console un jeu de société comme le Pictionary, ciblant un public plus familial. Par ailleurs, *Nintendo* a bien sûr veillé à commercialiser sur la Wii ses produits les plus célèbres, dont notamment Mario Bros et Zelda. Enfin, cœur du succès, les capteurs de rythme cardiaque et la balance, qui imprime les mouvements du pied, transforment la maison du joueur en centre sportif et la console en moniteur. On est à mi-chemin entre le jeu et l'entretien du corps.

- **Quel est le contenu fonctionnel ou émotionnel du secteur ?** Le jeu vidéo a un contenu à la fois technologique et culturel. Les évolutions observées depuis les premiers modèles de consoles, dans les années soixante-dix, sont énormes et rapides. Notons que la Wii a été remplacée par d'autres produits. Le cheminement est proche de celui des ordinateurs, des grosses unités centrales aux portables associés à des tablettes tactiles. Mais le jeu vidéo est aussi devenu un enjeu culturel : les premiers jeux, par exemple, dont beaucoup émanent de *Nintendo*, sont devenus des références pour les générations qui ont grandi à partir des années quatre-vingt. Les univers de *Space Invaders*, *de* Mario Bros ou de Zelda, font partie intégrante de la représentation collective. Des jeux plus contemporains créent des communautés de joueurs qui s'échangent des informations et nouent des relations virtuelles suivies. *Nintendo* a su maintenir cette forte dimension culturelle autour des jeux pour la Wii. Mais il a su s'affranchir de cette techno-culture pour élargir l'offre. Ainsi, le public des sexagénaires ne semble pas nostalgique et ne regrette pas l'univers de Super Mario. Pour les rendre clients d'une console de jeux, il fallait donc leur offrir d'autres perspectives, et jouer davantage sur les fonctionnalités que sur la technologie. La navigation et l'affichage dans la Wii ont été considérablement simplifiés, mettant l'utilisateur à l'aise quel que soit son niveau de connaissance technologique.

- **Quelles grandes tendances détermineront les comportements des consommateurs ?** Dans son offre de jeux pour la Wii, *Nintendo* a su capter des tendances majeures des sociétés occidentales. Le vieillissement de la société – plus marqué au Japon qu'ailleurs – a inspiré le développement de cette console plus universelle que ses concurrentes. Le programme d'entraînement cérébral avancé du Dr Kawashima (né en 1959) a d'ailleurs connu un vif succès sur ce terminal, porté par la demande des seniors. Le développement personnel, l'expression de soi par la création ou par le corps constituent des aspirations fortes dans les sociétés d'aujourd'hui. Durant quelques années, la Wii a su surfer sur cette tendance en proposant un produit nouveau, porteur d'une valeur plus grande pour le consommateur – un poste de jeu qui permet en même temps le maintien en forme intellectuelle et physique –, avec de faibles coûts de fabrication. Ainsi, *Nintendo* a réussi à générer du profit grâce à la Wii, et pas seulement avec la vente de jeux, alors que certains de ses concurrents n'ont pas rencontré le même succès et ont vendu la console à perte pour se rattraper sur les produits et les services corrélés.

La Wii et les trois types de non clients

Le succès de la Wii provient d'une excellente analyse des non clients qui a déplacé les frontières du marché. *Nintendo* aurait pu se contenter de se battre pour prendre et conserver un avantage technologique ou de prix. Cela lui aurait permis de conquérir davantage de parts de marché, mais cette avance n'aurait sans doute été que provisoire, les concurrents répliquant rapidement. La bataille n'a donc pas été livrée sur le terrain des « non clients imminents », c'est-à-dire ceux qui peuvent passer d'un fournisseur à l'autre au gré des offres de chacun.

Nintendo a réussi à séduire les « anti », même si, comme la télévision il y a quelques années, le jeu vidéo crée la polémique. On lui reproche notamment de créer de l'addiction chez les jeunes et de les habituer à une violence extrême. Difficile toutefois d'adresser une telle critique à Wii *Sports*, qui offre la possibilité de pratiquer le tennis ou le bowling dans son salon. De plus, rappelons que ce jeu a dépassé les 80 millions d'unités vendues, ce qui en fait le jeu le plus acheté de toute l'histoire du jeu vidéo, dépassant même Super Mario Bros qui ne s'est écoulé qu'à 40 millions d'unités.

Enfin, *Nintendo* a su attirer les « inexploités », ceux à qui l'univers du jeu vidéo ne s'était jamais adressé. Pas spécialement férus d'images et de technologies, adultes, voire vieillissants, ces utilisateurs ont trouvé dans la Wii de quoi se détendre et se distraire. Ce phénomène aurait paru impensable quelques années plus tôt.

En 2012, *Nintendo* a tenté de renouveler l'exploit en lançant la Wii U, censée prendre le relais de la Wii. Malheureusement, il semblerait que l'environnement ait beaucoup évolué en six ans, notamment en raison de l'essor des tablettes tactiles et des smartphones, que l'accès au jeu se soit généralisé et que de plus en plus de personnes se passent désormais de console. Cet objet est aujourd'hui l'apanage d'un public beaucoup plus adepte. Quel avenir pour cette entreprise innovante ?

EN RÉSUMÉ

- La stratégie Océan bleu, un nouveau modèle de pilotage économique vers la performance !
- Dans un monde de plus en plus concurrentiel, les entreprises s'épuisent à essayer de prendre le dessus sur leurs concurrents, d'où le nombre toujours croissant de faillites.
- Cette stratégie innovatrice, théorisée par W. Chan Kim et Renée Mauborgne, professeurs de l'INSEAD, décrit comment les entreprises peuvent s'affranchir d'une concurrence trop vive sur les marchés « océans rouges », en trouvant des marchés « océans bleus » sur lesquels elles pourraient évoluer seules (dans un premier temps).
- La métaphore des océans rouges (secteurs avec une forte concurrence) et des océans bleus (niches avec peu de concurrence) permet de décrire le marché dans sa globalité.
- Le passage d'un océan rouge vers un océan bleu s'effectue par l'innovation-valeur, qui augmente la valeur d'usage pour le client tout en améliorant le modèle économique pour l'entreprise. Cela peut également conduire à une baisse du prix de vente.
- La stratégie Océan bleu repose sur un déplacement des frontières du marché, en réinterrogeant les valeurs et les croyances, en conquérant des clients jusqu'alors étrangers à ce marché, en bouleversant les modes de positionnement et de distribution.
- En période d'incertitude financière et de préoccupation majeure de *cost-cutting* (réduction de coûts), il ne faut pas négliger les risques financiers et techniques liés au marché. En effet, l'esprit humain est fait de telle sorte qu'il ne peut pas se détacher aisément de ce qui existe pour imaginer ce qui n'existe pas encore, à savoir des idées radicalement nouvelles, ce que les économistes appellent des innovations de rupture. Il est donc très aléatoire de prédire comment réagiront les consommateurs.

- Enfin, si cette approche rappelle, fort pertinemment dans le contexte actuel, l'importance de l'innovation et de la création de marché, elle n'explique toutefois malheureusement pas pourquoi si peu de sociétés s'y engagent. En effet, force est de constater que la plupart des entreprises se limitent à l'optimisation de leurs produits et/ou services existants.

POUR ALLER PLUS LOIN

SOURCES BIBLIOGRAPHIQUES

- CAZALS (François), « Stratégie Océan bleu de la Wii », in *Distriforce. Stratégies innovantes*, consulté le 23 mai 2014. http://cazals.fr/strategie-ocean-bleu-de-la-wii/
- KIM (W. Chan) et MAUBORGNE (Renée), *Stratégie Océan bleu : comment créer de nouveaux espaces stratégiques*, Paris, Pearson, coll. « Village mondial », 2010.
- KOTLER (Philip) et KELLER (Kevin Lane), Paris, Pearson, *Marketing Management*, 2006.
- « Océans bleux et océan rouges », in *Démeter et Kotler*, 2012, consulté le 23 mai 2014. http://demeteretkotler.com/2012/07/11/ocean-bleu-ocean-rouge/
- Portail de l'INSEAD (Blue Ocean Strategy Institute), consulté le 9 mai 2014, http://www.insead.edu/blueoceanstrategyinstitute/home/index.cfm
- SARAZIN (Benoît), « Pourquoi la méthode Blue Ocean ne suffit pas », in *Le blog de l'innovation de rupture*, consultation le 23 mai 2014. http://benoitsarazin.com/francais/2013/10/methode-blue-ocean-suffit-pas.html
- « Stratégie Océan bleu », in *Des Livres pour changer la vie*, consulté le 23 mai 2014. http://www.des-livres-pour-changer-de-vie.fr/strategie-ocean-bleu/
- TABATONI (Pierre), *Innovation, désordre, progrès*, Paris, Economica, 2005.
- TIMOS (Laurent), GHOGGAL (Maxime) et POUBADY (Barath), « Mercatique de la Wii », consulté le 23 mai 2014. http://laurent-timos.olympe.in/communication/Dossier%20Mercatique%20Nintendo%20Wii.pdf

Éditeur responsable : Lemaitre Publishing
Rue Lemaitre 6 | BE-5000 Namur
info@lemaitre-editions.com

ISBN ebook : 978-2-8062-5716-1
ISBN papier : 978-2-8062-5717-8
Dépôt légal : D/2014/12603/120
Photo de couverture : © Zacarias da Mata

Conception numérique : Primento